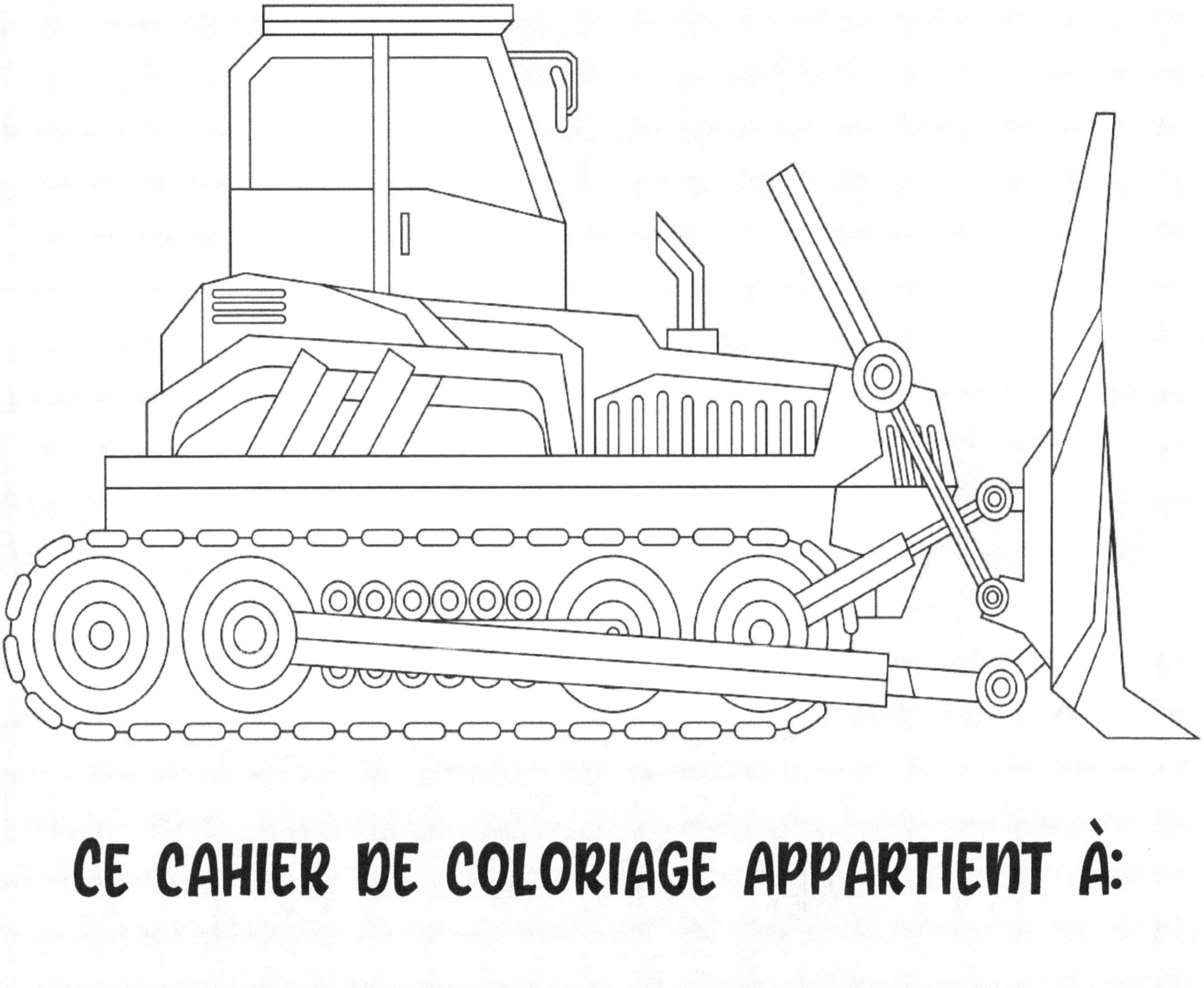

CE CAHIER DE COLORIAGE APPARTIENT À:

____

____

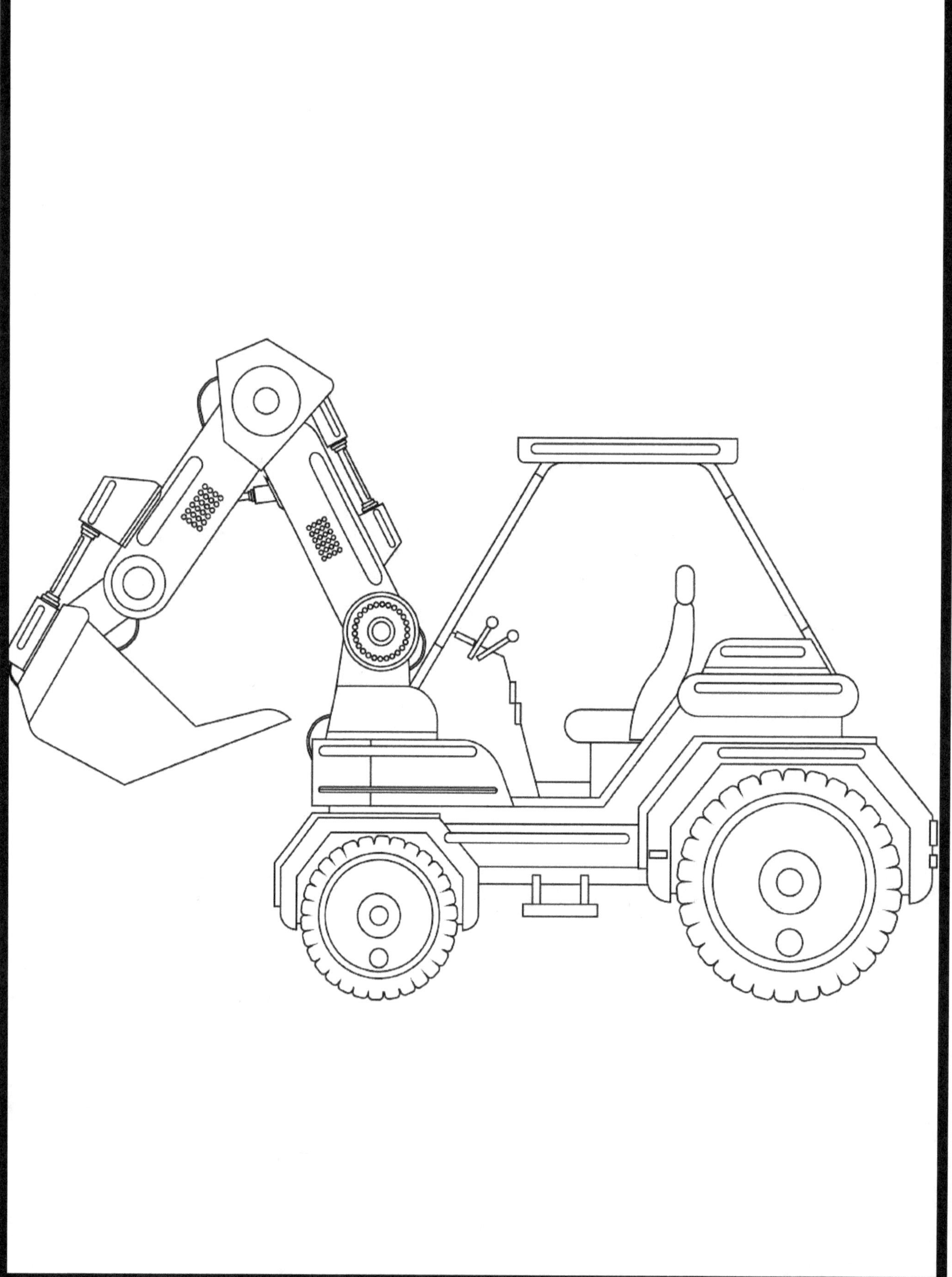

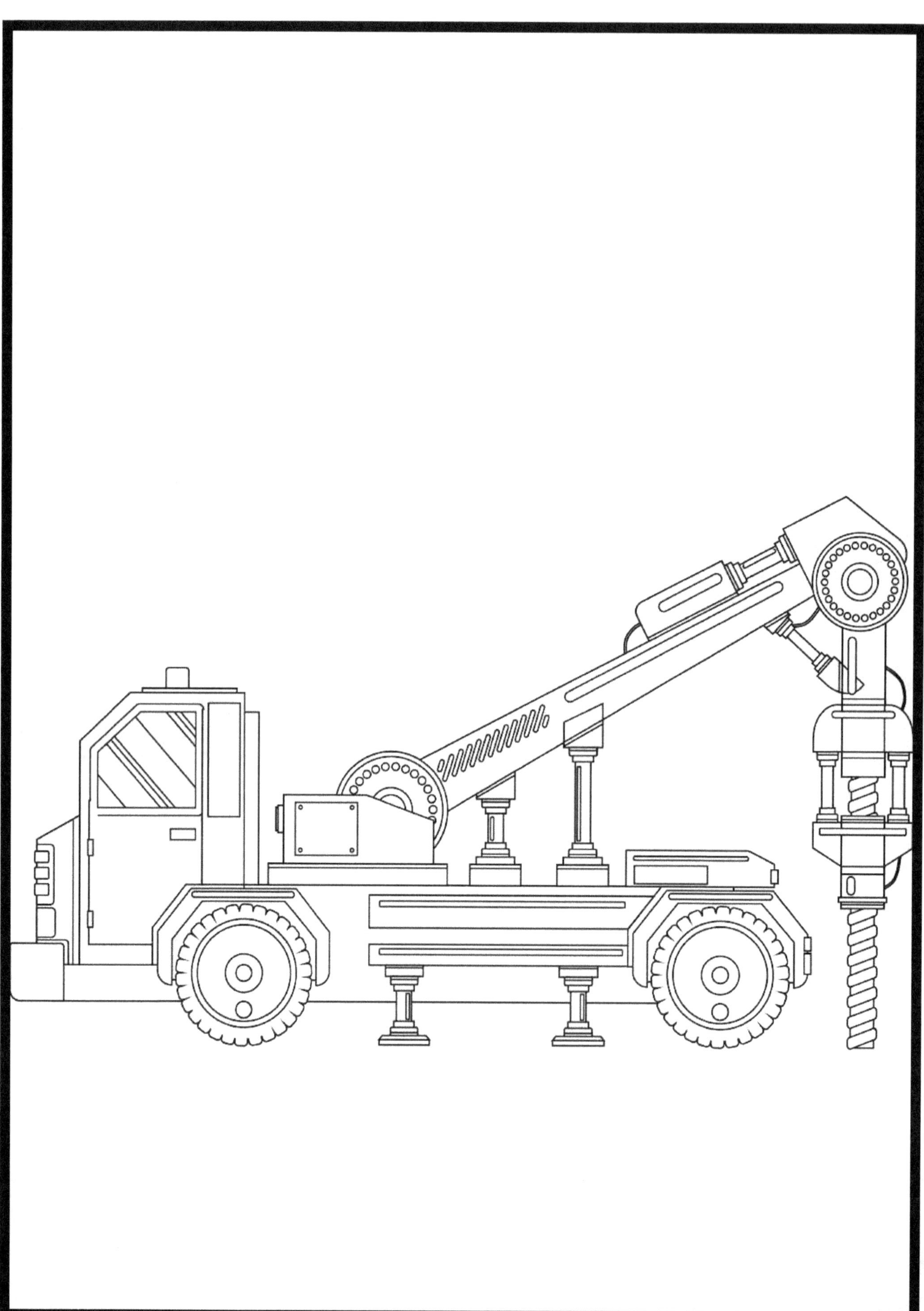

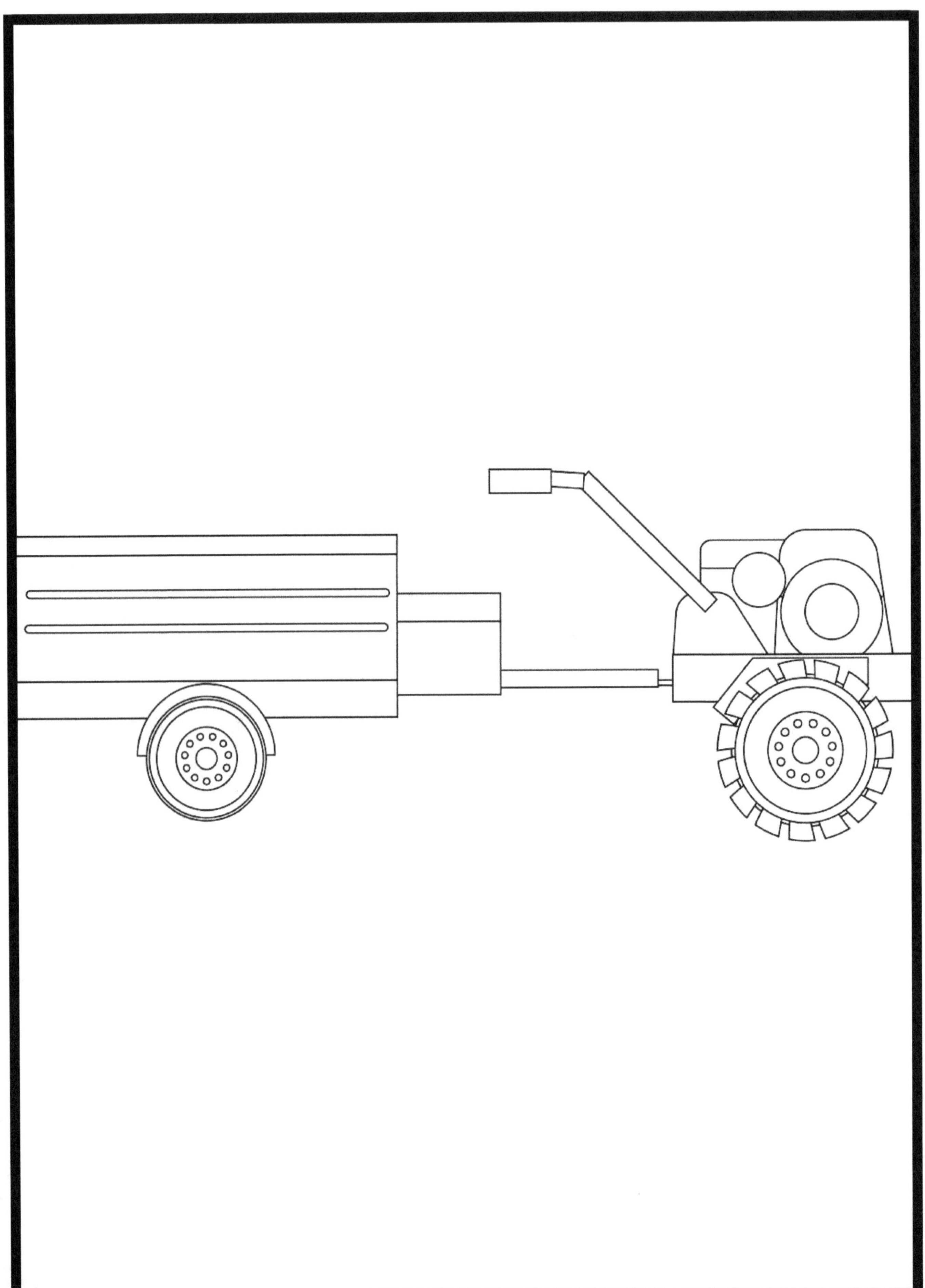

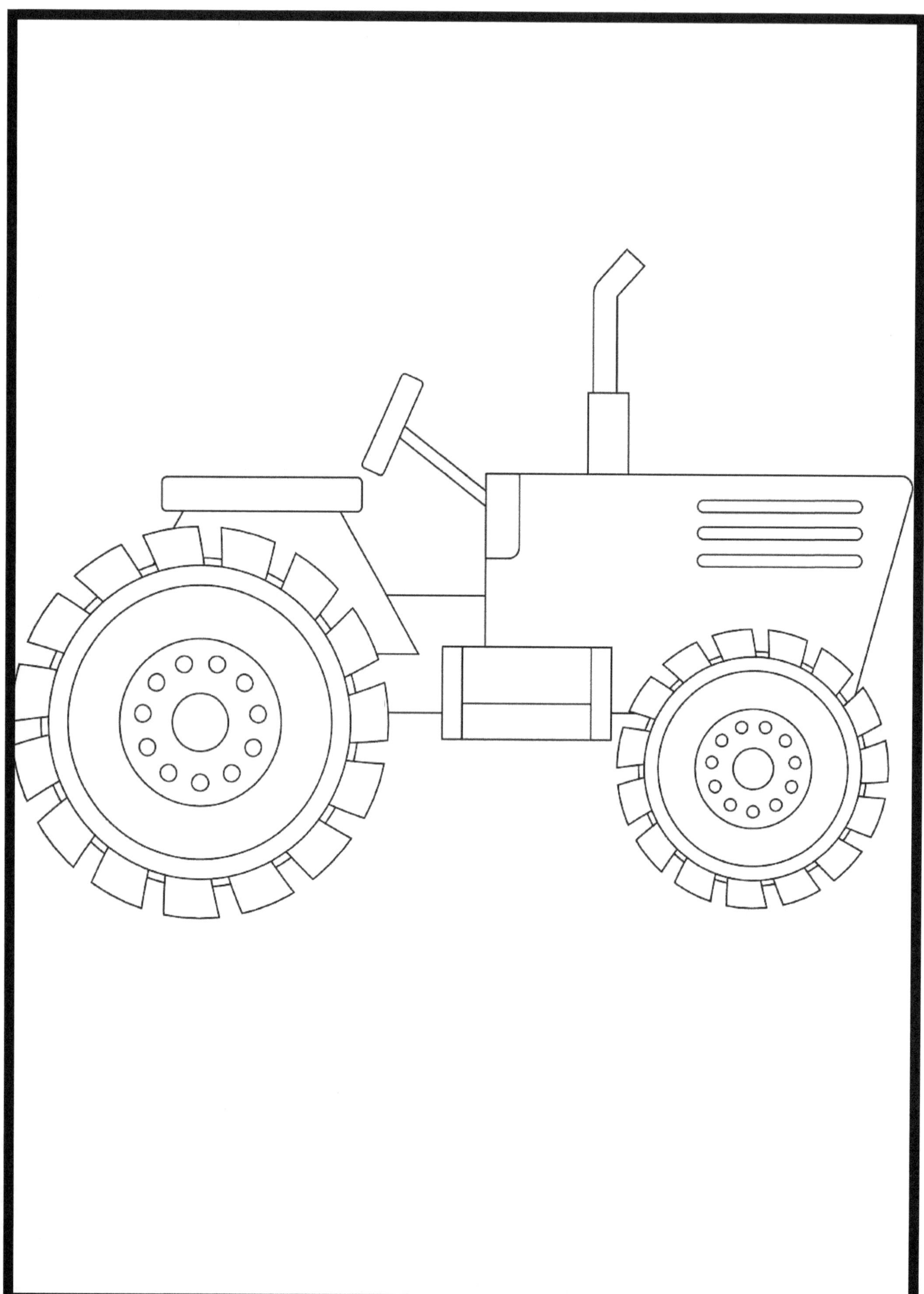

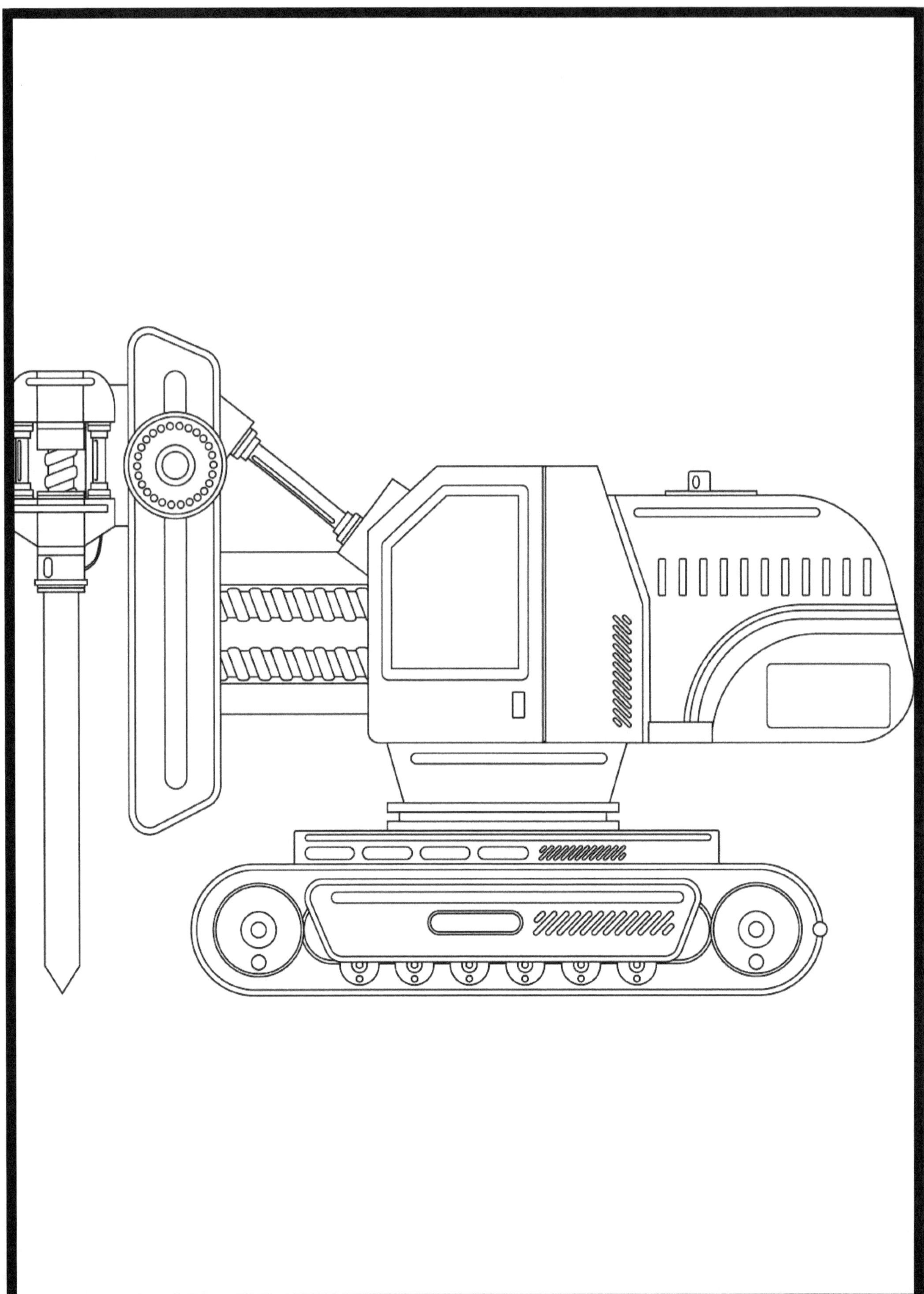

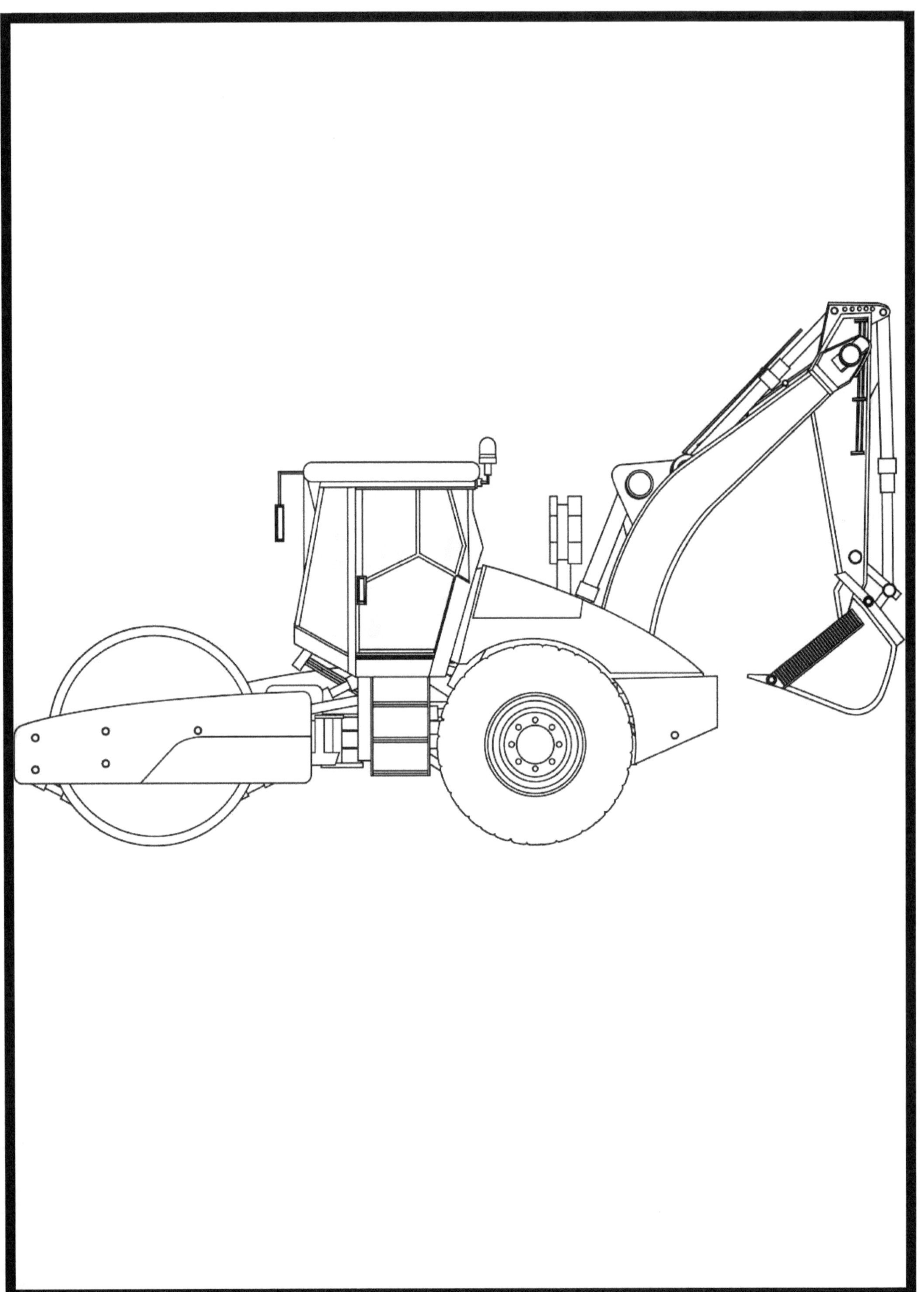

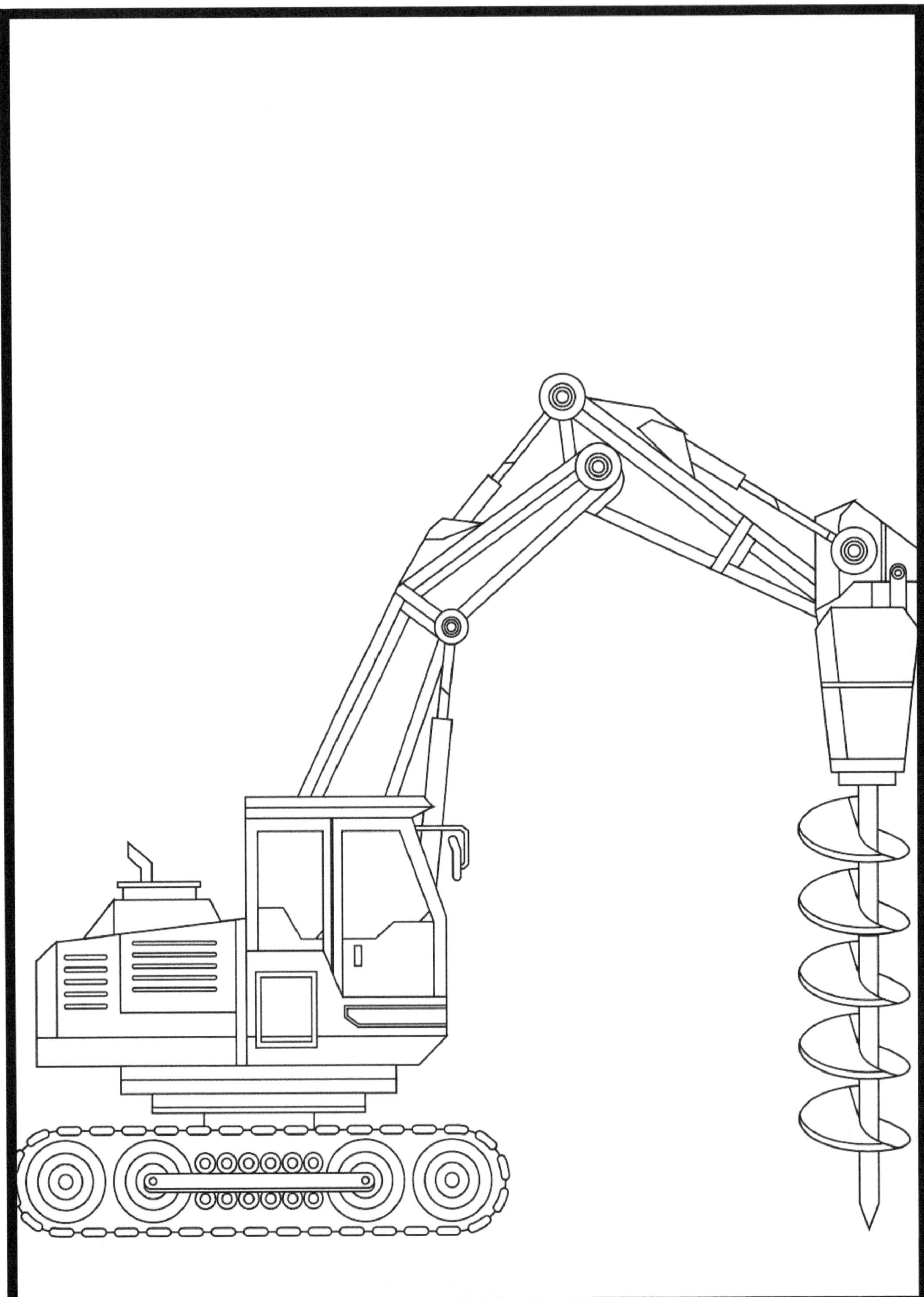

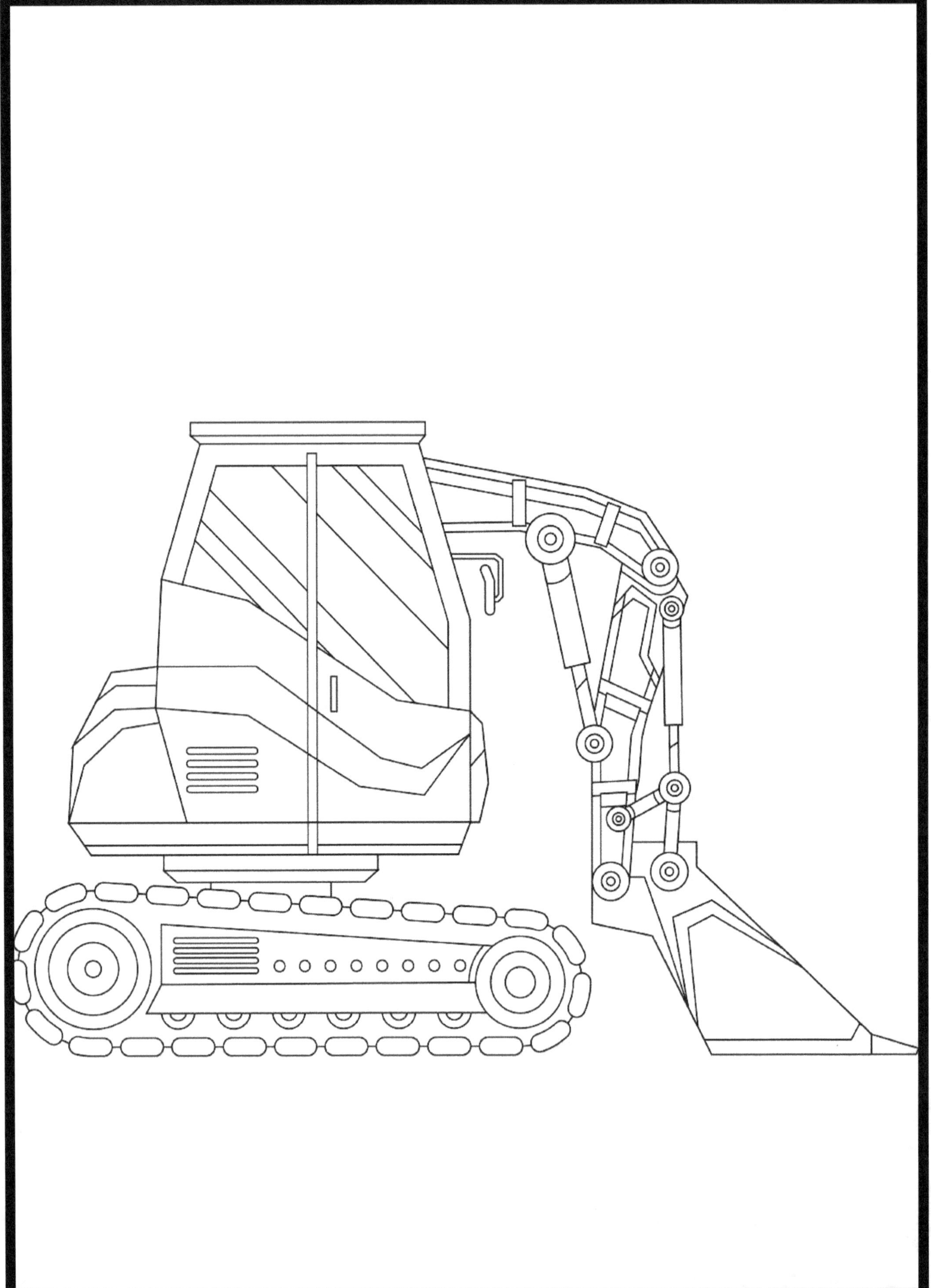

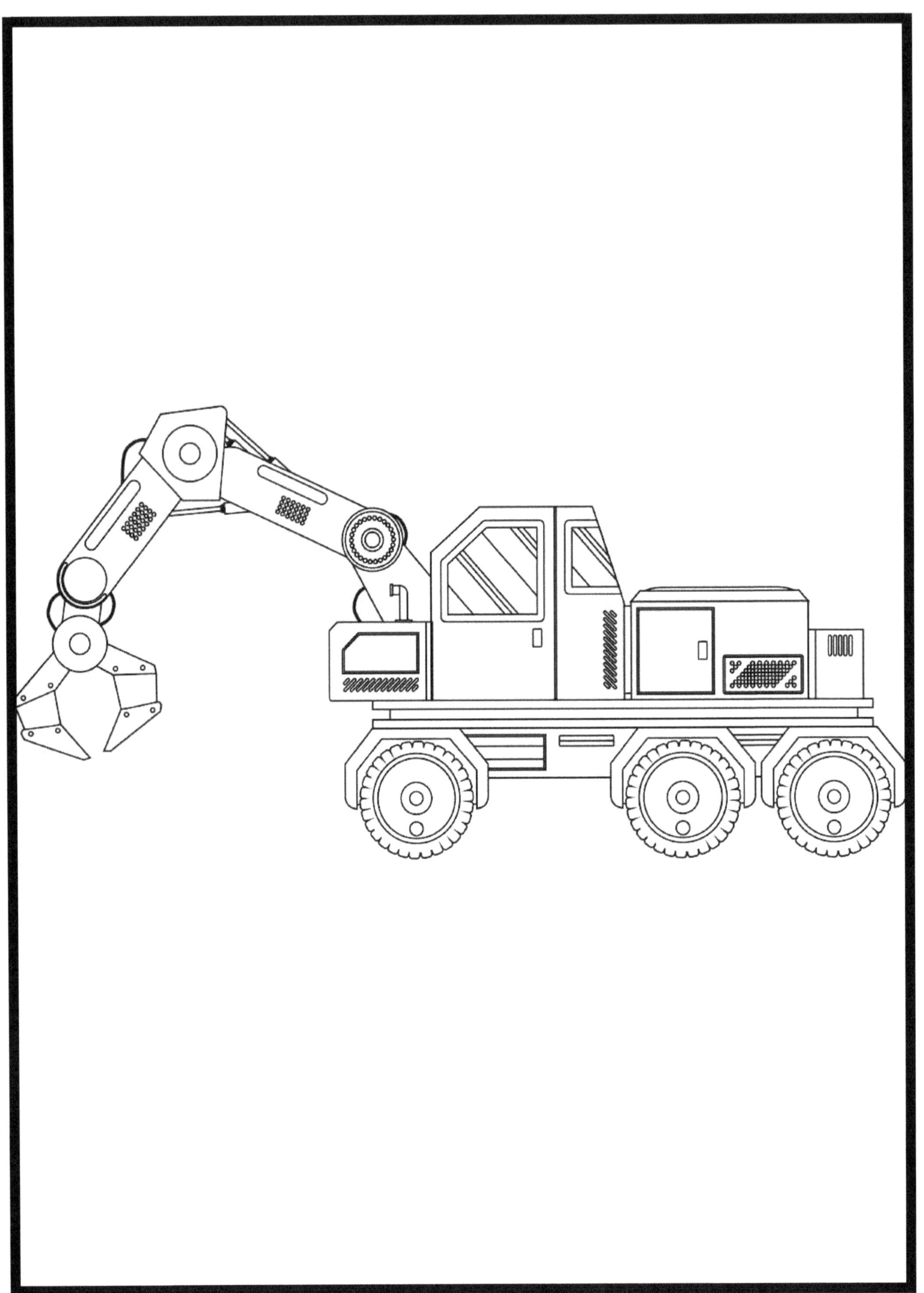

www.ingramcontent.com/pod-product-compliance
Lightning Source LLC
Chambersburg PA
CBHW080719120726
48001CB00010B/3082